BEI GRIN MACHT SICH IHR
WISSEN BEZAHLT

- Wir veröffentlichen Ihre Hausarbeit,
  Bachelor- und Masterarbeit

- Ihr eigenes eBook und Buch -
  weltweit in allen wichtigen Shops

- Verdienen Sie an jedem Verkauf

Jetzt bei www.GRIN.com hochladen
und kostenlos publizieren

Bibliografische Information der Deutschen Nationalbibliothek:

Die Deutsche Bibliothek verzeichnet diese Publikation in der Deutschen National-
bibliografie; detaillierte bibliografische Daten sind im Internet über http://dnb.d-
nb.de/ abrufbar.

Impressum:

Copyright © 2015 GRIN Verlag, Open Publishing GmbH
Druck und Bindung: Books on Demand GmbH, Norderstedt Germany
ISBN: 978-3-668-19965-1

Dieses Buch bei GRIN:

http://www.grin.com/de/e-book/320040/das-seci-modell-in-der-softwareentwicklung-
massnahmen-zur-unterstuetzung

Melanie Fröscher

Das SECI-Modell in der Softwareentwicklung. Maßnahmen zur Unterstützung der Wissensschaffung im Unternehmen

GRIN Verlag

GRIN - Your knowledge has value

Der GRIN Verlag publiziert seit 1998 wissenschaftliche Arbeiten von Studenten, Hochschullehrern und anderen Akademikern als eBook und gedrucktes Buch. Die Verlagswebsite www.grin.com ist die ideale Plattform zur Veröffentlichung von Hausarbeiten, Abschlussarbeiten, wissenschaftlichen Aufsätzen, Dissertationen und Fachbüchern.

Besuchen Sie uns im Internet:

http://www.grin.com/

http://www.facebook.com/grincom

http://www.twitter.com/grin_com

Thema:

Das SECI-Modell in der Software-Entwicklung

Seminararbeit
im Rahmen des Moduls „Wissensmanagement-Modelle und -Strategien"

im Masterstudiengang Informatik
an der Dualen Hochschule Baden-Württemberg Mannheim

vorgelegt von: Melanie Fröscher

Abgabetermin: 2015-09-14

Inhaltsverzeichnis

Abbildungsverzeichnis III

Tabellenverzeichnis IV

Abkürzungsverzeichnis V

Glossar VI

1 Einleitung...1

2 SECI-Modell..2

   2.1 Dimensionen 2

      2.1.1 Epistemologische Dimension 2

      2.1.2 Ontologische Dimension 3

   2.2 Formen der Wissensumwandlung...4

      2.2.1 Sozialisation 4

      2.2.2 Externalisierung 5

      2.2.3 Kombination..6

      2.2.4 Internalisierung...6

   2.3 Die Wissensspirale...7

   2.4 Voraussetzungen 8

      2.4.1 Intention 9

      2.4.2 Autonomie 9

      2.4.3 Fluktuation und kreatives Chaos 9

      2.4.4 Redundanz...10

      2.4.5 Notwendige Vielfalt 10

3 Software-Entwicklungsprozess...12

   3.1 Phasen des Softwareentwicklungsprozesses..12

      3.1.1 Projektmanagement...12

      3.1.2 Anforderungsanalyse...12

      3.1.3 Entwurf..13

      3.1.4 Implementierung und Test 13

   3.2 Rollen und Informationsfluss 13

4 SECI-Modell in der Softwareentwicklung 15

   4.1 Anforderungen an das Unternehmen 15

   4.2 Wissensträger / ontologische Dimension..15

   4.3 Wissensarten / epistemologische Dimension...16

   4.4 Anforderungen der SECI-Formen 17

   4.5 Maßnahmen zur Unterstützung der Wissenstransformation........................17

      4.5.1 Übergreifende Maßnahmen...18

         4.5.1.1 Lessons Learned 18

         4.5.1.2 Brainstorming..19

         4.5.1.3 Job Rotation...19

         4.5.1.4 Social Software..20

      4.5.2 Anforderungsanalyse...20

         4.5.2.1 User Stories 20

      4.5.3 Entwurf..21

         4.5.3.1 Software-Modellierung..21

      4.5.4 Implementierung/Test 21

4.5.4.1 Prototypen..21

4.5.4.2 Pair Programming...21

4.5.5 Projektmanagement...22

4.5.5.1 Yellow Pages...22

4.6 Bewertung..23

4.6.1 Vorteile..23

4.6.2 Nachteile..23

.

Abbildungsverzeichnis

Abbildung 2-1: Formen der Wissensumwandlung und geschaffenes Wissen 4

Abbildung 2-2: Spirale der Wissensschaffung im Unternehmen 7

Abbildung 4-1 Maßnahmen zur Förderung der einzelnen SECI-Phasen 18

Tabellenverzeichnis

Tabelle 3-1: Rollen und Informationsfluss der Softwareentwicklungsphasen 14

Tabelle 4-1: Anforderungen des SECI-Modells an das Unternehmen 15

Tabelle 4-2: Wissensträger auf ontologischer Dimension 16

Tabelle 4-3: Explizites und implizites Wissen der Softwareentwicklungsphasen 17

Tabelle 4-4 Anforderungen der einzelnen SECI-Formen 17

Abkürzungsverzeichnis

SECI   Socialisation, Externalisation, Combination, Interalisation
UML   Unified Modelling Language

Glossar

Best Practise	Engl. "Beste Praxis": Definiert einen bewerten Lösungsansatz für ein bestimmtes Problem
Knowhow	Engl. „Gewusst-Wie": Fachwissen
Social Software	Engl. „Soziale Software", sinngemäß „Software mit sozialer Interaktion"

1 Einleitung

In dieser Arbeit wird das japanische Wissensmanagement-Modell der „Wissensspirale" (auch SECI-Modell) auf den Prozess der Softwareentwicklung angewendet und dabei konkrete Maßnahmen zur Unterstützung der Wissensschaffung im Unternehmen erarbeitet.

Zunächst wird die Theorie des SECI-Modells erläutert und auf die Struktur und Inhalte eingegangen. Abschließend werden die organisationalen Voraussetzungen zur Realisierung der Wissensspirale im Unternehmen genannt.

Im weiteren Verlauf wird der Softwareentwicklungsprozess näher betrachtet und gängige Phasen mit den darin ausgeführten Tätigkeiten beschrieben. Auch werden die am Prozess beteiligten Rollen identifiziert und der Informationsfluss kurz genannt.

Im abschließenden Teil dieser Arbeit werden die Erkenntnisse aus den ersten beiden Teilen aufeinander bezogen und so die Anforderungen des SECI-Modell mit denen der Softwareentwicklung konsolidiert und davon ableitend unterstützende Maßnahmen für das SCI-Modell in der Softwareentwicklung erarbeitet. Eine Bewertung des Modells erfolgt ebenfalls.

2   SECI-Modell

Das SECI-Modell („Socialization, Externalization, Combination, Internalization",
Deutsch Sozialisation, Externalisierung, Kombination, Internalisierung) oder auch *Wissensspirale* ist ein Phasen-Modell aus dem Bereich des japanischen Wissensmanagement,
das die Schaffung von Wissen im Unternehmenskontext formal beschreibt und seine Phasen durch geeignete Transformationen von Wissen definiert.

Das Modell wurde 1995 durch die beiden japanischen Management-Theoretiker
IKUJIRO NONAKA UND HIROTAKA TAKEUCHI als Studie über das japanische Management erarbeitet und hat das Wissensmanagement nicht unbedeutend geprägt. Es geht
davon aus, dass wichtiges Erfahrungswissen sowie Fertigkeiten bei den einzelnen Individuen einer Organisation vorhanden sind und durch geeignete Transformationen für weitere Individuen greifbar gemacht und letztendlich dem gesamten Unternehmen zur Verfügung steht.

Nachfolgend sollen der Klassifizierungsrahmen und die einzelnen Transformationen von
Wissen erläutert werden. Die Voraussetzungen eines Unternehmens zur Realisierung des
Modells werden ebenfalls genannt.

2.1   Dimensionen

An der Wissensumwandlung sind nach dem SECI-Modell 2 verschiedene Dimensionen
beteiligt, die zum einen die Art des Wissens und zum anderen den Ort des Wissens (Wissensträger) betrachten.[1]

2.1.1   Epistemologische Dimension

Die epistemologische Ebene definiert die Art des Wissens und folgt der von POLANYI
begründeten Theorie von implizitem und explizitem Wissen.[2]

Explizites Wissen ist formalisiert in Form von Sprache oder Text und kann so von Menschen konsumiert und verwertet werden (z.B. theoretisches Wissen, Faktenwissen). Es
lässt sich artikulieren und somit verbal und schriftlich mitteilen. Hierfür gängige Medien
sind beispielsweise Dokumente, Mitschriften, Bücher, Besprechungen oder Vorträge. Be-
sonders ist hier hervorzuheben, dass diese Art des Wissens vielen Menschen gleichzeitig
zur Verfügung steht später an keinen bestimmten Kontext gebunden ist.

---

[1] Vgl. Nonaka/Takeuchi (1995), S. 71ff
[2] Vgl. Polanyi (1985)

Auf der Gegenseite steht das **implizite Wissen** in Form von Fähigkeiten, Erfahrungen und Überzeugungen (z.B. handwerkliche Fertigkeiten, technisches Knowhow, persönliche Werte oder soziale Kompetenzen, Erfahrung). Implizites Wissen ist nach POLANYI subjektiv und nur in einem bestimmten Kontext gültig. Es ist nur schwer in Worte zu fassen und deshalb schwer zu vermitteln. Auch ist sich der Wissensträger meist nicht bewusst über sein Wissen. Die Bedeutung des Wissens kann in einer anderen Situation oder bezogen auf eine abweichende Aufgabenstellung eine neue Bedeutung annehmen.[3] NONAKA UND TAKEUCHI teilen das implizite Wissen in schwer vermittelbare mentale Modelle und (durch geeignete Maßnahmen ausdrückbare) technische Fähigkeiten und Knowhow ein, wobei sich diese Arbeit auf die Fähigkeiten und das technische Knowhow konzentriert.

2.1.2 Ontologische Dimension

Auf der ontologischen Ebene wird zwischen der Art der Wissensträger unterschieden und dabei der Transfer von individuellem hin zu organisationalem Wissen fokussiert.

Implizites Wissen kann zunächst nur einem **Individuum** zugeordnet werden, da dieses rein subjektiv im Kopf einer einzelnen Person existiert und an einen bestimmten Kontext gebunden ist, in dem sich das Individuum zur Zeit der Wissensschaffung und –Nutzung aufhält.

Wird implizites Wissen an andere weitergegeben oder explizites Wissen durch andere konsumiert wird es dupliziert und steht mehreren Individuen einer **Gruppe** (Interaktionsgemeinschaft, z.B. ein Arbeitsteam oder eine Abteilung) zur Verfügung. Die einzelnen Mitglieder dieser Gruppe können das Wissen in zukünftige Aufgaben einbringen und so auf andere Gruppen übertragen.

Durch diese Artikulation und Weitergabe steht das Wissen bald dem gesamten **Unternehmen** zur Verfügung, da die einzelnen Gruppen ihre Tätigkeiten bzw. ihr Wissen zur Erreichung der unternehmensweiten Ziele einsetzen. Im Zuge der **Unternehmensinteraktion** kann das Wissen auch zwischen Unternehmen ausgetauscht werden.

---

[3] Vgl. Polanyi (1985), S. 15ff

2.2   Formen der Wissensumwandlung

Nonaka und Takeuchi definieren insgesamt 4 Formen der Wissensumwandlung, die zusammen und wiederholt nacheinander durchlaufen die Wissensspirale bilden und jeweils eigene Bedingungen festlegen und Ergebnisse liefern. (s. Abbildung 2-1: Formen der Wissensumwandlung und geschaffenes Wissen).[4]

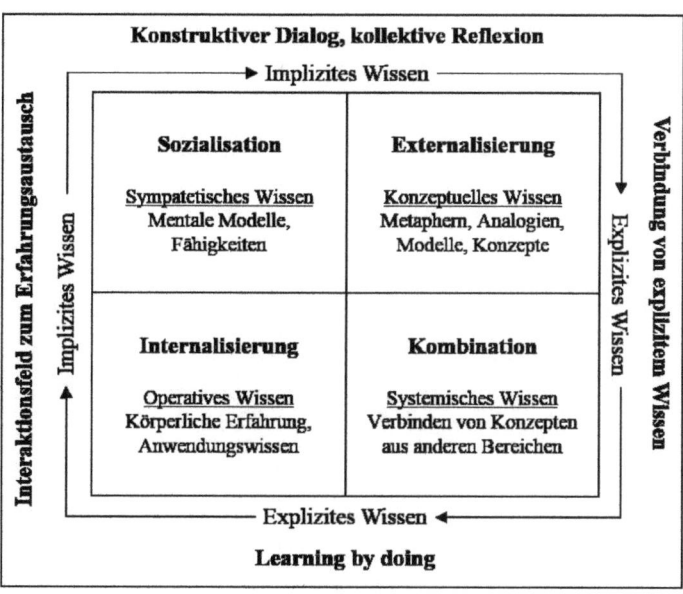

Abbildung 2-1: Formen der Wissensumwandlung und geschaffenes Wissen

2.2.1   Sozialisation

Die erste Form der Wissensumwandlung ist die Sozialisation, in der implizites Wissen zwischen zwei Wissensträgern ausgetauscht und so neues implizites Wissen entsteht. Sie definiert die Weitergabe bzw. den Austausch von Erfahrungen, Überzeugungen oder technischen Fertigkeiten auf einer nicht-formalen Ebene ohne Sprache. Dieser Austausch kann durch Beobachtung, Nachahmung oder Zusammenarbeit entstehen, wonach sich die beteiligten Wissensträger versuchen in ihr Gegenüber hineinzuversetzen und dessen Denk- und Arbeitsweise zu verstehen und so ein gemeinsames mentales Modell und technische Fertigkeiten entwickeln.

---

[4] Vgl. Nonaka/Takeuchi (1997), S.75ff

Dafür ist es notwendig, dass die Wissensträger einen gemeinsamen Kontext aufweisen und beide gleichermaßen mit dem bearbeiteten Thema verbunden sind (z.B. durch gemeinsame Erfahrungen oder fachlichen Hintergrund). Als Beispiel nennen NONAKA UND TAKEUCHI die Lehrling-Meister-Beziehung oder ganz allgemein die Ausbildung, wonach sich die Auszubildenden die Fähigkeiten und das Handwerk des Lehrenden durch Abgucken und Nachmachen aneignen. Auch wird ein Interaktionsfeld (*„Raum, in dem man durch häufigen und intensiven Austausch mit anderen reiche und originelle Erfahrungen sammeln kann"*[5]) vorausgesetzt, das den Austausch von Erfahrungen und mentalen Modellen fördert.

2.2.2   Externalisierung

Die Externalisierung als *„Artikulation von implizitem Wissen in expliziten Komponenten"*[6] umfasst die Transformation von Erfahrungen, Überzeugungen oder technischen Fertigkeiten in einen formalisierten, durch andere konsumierbaren Zustand in Form von Sprache oder Text. Da implizites Wissen aber nur schwer bis gar nicht artikulierbar ist soll die Transformation durch den Einsatz von Analogien, Metaphern und Modellen gefördert werden. Eigene mentale Modelle und Fertigkeiten werden durch bildliche Sprache erklärt oder mit ähnlichen Konzepten aus anderen Bereichen verglichen und können damit durch andere verstanden und in neuen Konzepte überführt werden. NONAKA UND TAKEUCHI weisen zwar darauf hin, dass die verbale Sprache ausdrucksstärker ist als die bildliche Sprache, sehen diesen Unterschied aber als Vorteil zur Förderung des gemeinsamen Verständnisses durch zusätzliche Erklärungen.

Da es sich um einen kreativen Prozess handelt, ist bei den Wissensträgern ein gewisses Maß an Phantasie und bildlicher Sprache vorausgesetzt, ebenso ein gemeinsames mentales Modell zur Einordnung und zum Verständnis der verwendeten Analogien und Fremdkonzepte. NONAKA UND TAKEUCHI definieren den konstruktiven Dialog (Kommunikation und Diskussion) und kollektive Reflexion (gemeinsame Betrachtung und Bewertung des Geschehenen) als Bedingung für die Externalisierung.[7]

---

[5] Nonaka/Takeuchi (1997), S. 260
[6] Nonaka/Takeuchi (1997), S. 77
[7] Vgl. Nonaka/Takeuchi (1997), S. 85

2.2.3 Kombination

Innerhalb der Kombination wird vorhandenes explizites Wissen mit neu gewonnenem explizitem Wissen verknüpft und so verschiedene Wissensbereiche in neuem explizitem Wissen vereint. Im Detail geht es darum, Konzepte aus verschiedenen Anwendungsbereichen miteinander zu verbinden und so neue Konzepte abzuleiten. *„Das mittlere Management spielt eine zentrale Rolle für die Schaffung neuer Konzepte durch kodifizierte Informationen und Kenntnisse"*[8]. So werden Produktkonzepte der mittleren Ebene in übergeordnete Konzepte (Unternehmensvision) integriert und erhalten so eine neue Bedeutung.

Wissen in Form von Dokumenten oder Datenbanken, dem Internet oder aus Besprechungen und Telefonaten wird neu zusammengestellt und so für einen anderen Anwendungsfall nutzbar gemacht (z.B. durch Hinzufügen, Sortieren, Kombinieren oder Klassifizieren). NONAKA UND TAKEUCHI nennen hier die Lehreinheiten in der Schule oder Ausbildung als Beispiel, aber auch Datenbanken, die Informationen aus verschiedenen Quellen einbeziehen. Sie wird als die häufigste Form der Wissenstransformation im Unternehmen genannt.

2.2.4 Internalisierung

Die Internalisierung schließlich definiert die Eingliederung von explizitem Wissen in vorhandenes implizites Wissen und schafft so neues implizites Wissen. Individuen erweitern ihre mentalen Modelle durch das Anwenden von explizitem Wissen und erzeugen so neue Erfahrungen und Fähigkeiten.

Im Unterschied zur Sozialisierung, bei der Individuen durch Beobachtung und Nachahmung implizites Wissen austauschen, steht hier die Verarbeitung von Sprache und Schrift im Mittelpunkt des Lernvorgangs. Dabei werden sowohl der fachliche Aspekt (z.B. technisches Know-how) als auch körperliche Erfahrungen auf nicht-fachlicher Ebene (Learning by doing, Lernen durch Anwendung) angeführt.

---

[8] Nonaka/Takeuchi (1997), S. 81

2.3   Die Wissensspirale

Durch die Weitergabe von individuellem Wissen auf höhere ontologische Ebenen durch die Transformation von implizitem und explizitem Wissen durch Sozialisation, Externalisierung, Kombination und Internalisierung entsteht eine Wissensspirale, *„in der die Interaktion von implizitem und explizitem Wissen auf dem Weg durch die ontologischen Schichten immer reicher [...]"*[9] und somit mehrfach im Unternehmen zur Erreichung der Unternehmensziele zur Verfügung steht (s. Abbildung 2-2: Spirale der Wissensschaffung im Unternehmen):

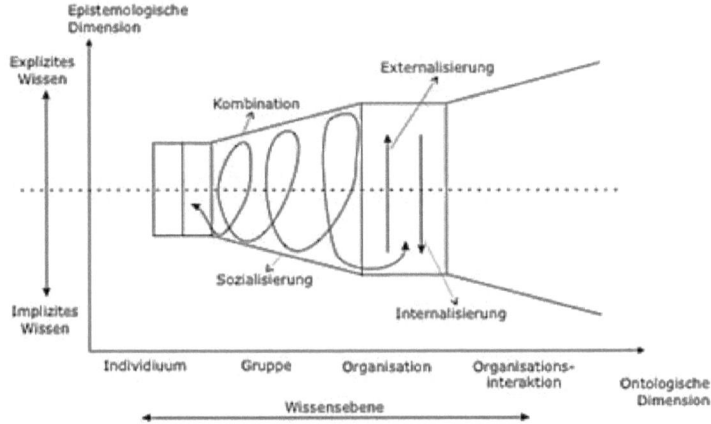

Abbildung 2-2: Spirale der Wissensschaffung im Unternehmen

Nach Nonaka und Takeuchi *„enthält die Externalisierung den Schlüssel zur Wissensschaffung, weil sie aus implizitem Wissen neue explizite Konzepte schafft"*[10]. Durch die Weitergabe von implizitem Wissen und somit der Schaffung neuer mentaler Modelle und gemeinsamer Kontexte (Sozialisierung) und dem Ausdruck in explizitem Wissen in Form von Konzepten (Externalisierung) können die wertvollen Erfahrungen einzelner an andere weitergegeben werden.

Auf organisationaler Ebene kann das neu gewonnene explizite Wissen aus der Externalisierung mit vorhandenem kombiniert (Kombination) und durch (mehrere) Individuen zum Aufbau von neuem implizitem Wissen (Internalisierung) genutzt werden. Die daraus

---

[9] Nonaka/Takeuchi (1997), S. 86
[10] Nonaka/Takeuchi (1997), S. 79

entstehenden Erkenntnisse und Erfahrungen bilden wiederum die Grundlage für eine weitere Wissensgenerierung, womit die spiralförmige Entwicklung begründet wird.

Fähigkeiten gehen nur dann in das Unternehmen über, wenn diese vorher durch Sozialisation in Form von implizitem Wissen weitergegeben werden.[11] Es sei aber auch „*ohne das Nachvollziehen der Erfahrungen anderer*"[12] möglich, indem diese Erfahrungen niedergeschrieben und durch einen Leser verinnerlicht werden (Externalisierung und Internalisierung).

NONAKA UND TAKEUCHI führen weiter an, das Sozialisation und Kombination als Wissenstransfer innerhalb derselben epistemologischen Ebene zur Wissensschaffung im Unternehmen alleine nicht ausreichend sind, denn implizites und explizites Wissen sollten gleichermaßen zusammenwirken um die Wissensspirale ausschöpfen zu können (nur der Transfer von implizit zu explizit bzw. explizit zu implizit vergrößert die Wissensbasis im Unternehmen).[13]

Da die Wissensgenerierung vom Individuum ausgeht und auch eine Gruppe nur aus einzelnen Individuen mit gleichem Wissen besteht wird deutlich, dass eine Organisation an sich über kein eigenes implizites Wissen verfügt. Sie selbst unterstützt lediglich den Transfer durch geeignete Methoden und wissensfördernde Rahmenbedingungen und kann erst nach erfolgreicher Formalisierung von diesem (expliziten) Wissen profitieren (Kombination und Internalisierung).

Voraussetzung für die Verwendung der Ergebnisse aus dem Prozess der Wissensspirale (beispielsweise ein Produkt) ist die Übereinstimmung mit den Gruppen- und Unternehmenszielen. „*Selbst wenn das Produkt von überragender Qualität ist, kann es im Widerspruch zu den Abteilungs- oder Unternehmensvorgaben stehen. In diesem Fall ist zur Wahrung der Gesamtintegrität ein weiterer Prozeß auf höherer Ebene notwendig [...].*"[14]

2.4   Voraussetzungen

Damit die Wissensspirale funktioniert müssen nach NONAKA UND TAKEUCHI bestimmte Voraussetzungen in einem Unternehmen erfüllt sein. Diese werden nachfolgend erläutert und auf den Prozess der Wissensgenerierung bezogen.

---

[11] Vgl. Nonaka/Takeuchi (1997), S. 83
[12] Nonaka/Takeuchi (1997), S. 88
[13] Vgl. Nonaka/Takeuchi (1997), S. 84
[14] Nonaka/Takeuchi (1997), S. 87

2.4.1 Intention

Die Intention umfasst die Vision und die Ziele des Unternehmens sowie eine unternehmensweiten Strategie zum Erreichen dieser Ziele. Das Unternehmen muss auch ein Konzept schaffen, um das benötigte Wissen zu erlangen, denn die Intention „*bildet das wichtigste Kriterium zur Beurteilung eines bestimmten Wissens*"[15]. Ohne eine Vision lässt sich
das benötigte und vorhandene Wissen nicht bewerten.

Zudem wird durch die Kommunikation der Vision die Mitarbeitermotivation gefördert
und gibt diesen einen Orientierungsrahmen für ihre Arbeit und Entwicklung.

2.4.2 Autonomie

Autonomie bezieht sich auf die selbstständige Arbeitsweise der Mitarbeiter bzw. Teammitglieder, die die Wissensschaffung positiv zu beeinflussen soll. Dabei legen die Mitglieder die Aufgaben selbst fest, um das vorgegebene Ziel zu erreichen. Auch wird die
Autonomie des Teams durch die Struktur der Projektphasen bestimmt. Es wird zwischen
einer sequenziellen und einer teilweise parallelen, überschneidenden Anordnung Phasen
unterschieden, wobei die jeweiligen Bearbeiter deren Aufgaben getrennt oder gemeinsam
abarbeiten. Bei der gemeinsamen Bearbeitung entsteht ein gemeinsamer Kontext und es
kann ein Erfahrungs- bzw. Wissensaustausch stattfinden.

NONAKA UND TAKEUCHI gehen davon aus, dass alle Individuen in einer Gruppe
bzw. einem Team über das gleiche Wissen verfügen, da sich neue Informationen und
Ideen auf die restlichen Mitglieder ausbreiten und so auf das Wissen in der Organisation
übergehen (Vgl.2.1.2 Ontologische Dimension). Dadurch kann sich das Unternehmen
Wissen flexibel aneignen, auslegen und weitergeben. Eine funktionsübergreifende Auf-
stellung der Teammitglieder aus verschiedenen Abteilungen oder Fachbereichen wird
hier als förderlich aufgeführt.

2.4.3 Fluktuation und kreatives Chaos

Mit Hilfe von Fluktuation und kreativem Chaos soll auf die Veränderungen des Umfelds
eines Unternehmens reagiert werden. Dabei wirkt die Struktur des Projektteams meist
chaotisch und unordentlich. Dadurch ist ein Unternehmen aber in in der Lage auf Signale
des Umfelds (z.B. des Marktes) zu reagieren und aus ggf. wiederholten Signalen Wissen
abzuleiten. Fluktuation bricht Routine und Gewohnheiten und zwingt die Mitglieder zum

---

[15] Nonaka/Takeuchi (1997), S. 89

Umdenken und somit zur Schaffung neuer Konzepte (vgl. 2.2.1 Sozialisation und 2.2.2 Externalisierung).

Kreatives Chaos kann durch ein Krisengefühl oder unklare Visions- und Zieldefinition ausgelöst werden, was die Motivation der Mitarbeiter zur Bewältigung bzw. Erfüllung steigern soll. Auch führt die Mehrdeutigkeit einer Aufgabenstellung zu unterschiedlichen, ggf. doppelten oder sich überschneidenden Lösungsansätzen die ansonsten nicht entstanden wären. Alle Ansätze erfordern ein Umdenken und unterstützen somit die Externalisierung (2.2.2 Externalisierung). Als Voraussetzung nennen NONAKA UND TAKEUCHI die Fähigkeit der Mitarbeiter über ihr Handeln reflektieren zu können.

2.4.4 Redundanz

Redundanz wird in diesem Zusammenhang als *„ein absichtliches Überschneiden von Informationen über geschäftliche Tätigkeiten, Managementaufgaben und das Unternehmen als Ganzes"*[16] definiert. Das bedeutet, dass mehrere Mitarbeiter in der Lage sind eine (Management-)Aufgabe zu übernehmen und ein Verständnis über Unternehmenszusammenhänge haben. Dadurch soll der Austausch von implizitem Wissen und damit die Wissensschaffung im Unternehmen gefördert werden. Daraus werden die Informationen aus verschiedenen Perspektiven betrachtet und geben so möglicherweise neue Aufschlüsse darüber.

Unklare Arbeitsaufteilungen, konkurrierende Teams mit gleicher Aufgabenstellung oder Personalrotation (zwischen verschiedenen Abteilungen) beispielsweise erweitern nicht nur den Horizont der Mitarbeiter, sondern führen zu einem besseren Verständnis des organisationalen Wissens und zur Situation und Aufgabe anderer Mitarbeiter. Auch werden ggf. neue Fertigkeiten und Informationsquellen aufgebaut.

Eine Gefahr sehen NONAKA UND TAKEUCHI in einer Überlastung durch zu viele Informationen und somit höheren Kosten zur Informationsverarbeitung, was durch eine klare Definition über die Notwendigkeit und den Speicherort des Wissens umgangen werden kann.

2.4.5 Notwendige Vielfalt

Ist die unternehmensinterne Vielfalt genauso komplex wie das Umfeld können die einzelnen Mitarbeiter besser auf Veränderungen reagieren und Entscheidungen treffen.

---

[16] Nonaka/Takeuchi (1997), S. 96

Durch zahlreiche Informationen, die allen zugänglich sind, können diese schnell und flexibel kombiniert und weiterverwendet werden.

Auch ein (regelmäßiger) Wandel der Unternehmensstruktur und die flexible Verbindung der Arbeitsbereiche können eine notwendige Vielfalt herbeiführen und den späteren Informationsfluss verbessern (benötigte Informationen anderer, Weiterleitung von Informationen an die richtigen Stellen, Finden von benötigten Informationen). Durch Personalrotation kann bereichsübergreifendes Wissen an andere vermittelt du so auf Veränderungen im Umfeld reagiert werden.

3 Software-Entwicklungsprozess

In diesem Abschnitt wird der Prozess der Softwareentwicklung detaillierter betrachtet und neben den einzelnen Prozessphasen und deren Aufgaben die beteiligten Rollen und die Anforderungen an das Wissensmanagement identifiziert.

Der Prozess der Software-Entwicklung kann in Abhängigkeit der Projektgröße und der Unternehmensgröße unterschiedliche Strukturen und Rollen definieren. Auch bestimmt die Art der zu entwickelnden Software die Prozessstruktur du die beteiligten Rollen. Handelt es sich um die Entwicklung eines Softwareprodukts zum Absatz auf einem Markt sind andere Funktionsbereiche wie Vertrieb und Marketing am Prozess beteiligt, handelt es sich um die Entwicklung einer Individualsoftware auf Anfrage eines Kunden ist der Kunde als Auftraggeber von Anfang an in den Prozess involviert und übernimmt hier eine andere Rolle.

In dieser Arbeit werden die grundlegenden Phasen eines Softwareentwicklungsprojektes betrachtet. Auch werden jeder Phase verschiedene Rollen zugewiesen und hierbei außer Acht gelassen, ob die Umsetzung teilweise durch die gleiche Person durchgeführt wird. Zudem wird die Entwicklung einer Individualsoftware bzw. auf Basis eines Kundenauftrags fokussiert.

3.1 Phasen des Softwareentwicklungsprozesses

Der hier betrachtete Prozess der Softwareentwicklung definiert insgesamt 4 Phasen bestehend aus Projektmanagement, Anforderungsanalyse, Entwurf und Implementierung/Test. Diese Phasen werden nachfolgend näher beschrieben.

3.1.1 Projektmanagement

Das Projektmanagement ist genau genommen keine Phase, da es nicht zeitlich begrenzt ist sondern über den gesamten Projektverlauf als Basis für die anderen Phasen relevant ist. Die Hauptaufgaben sind neben der Planung und Koordination der Projektabwicklung auch die Personal- und Budgetverwaltung. Noch bevor ein Projekt entsteht muss sichergestellt sein, dass das nötige Wissen im Unternehmen zur Verfügung steht und der zeitliche Rahmen realisierbar ist.

3.1.2 Anforderungsanalyse

Im Rahmen der Anforderungsanalyse geht es zunächst darum herauszufinden, welche Aufgabe die Software als Anwendung im Gesamtkontext des Kundenunternehmens haben soll, welche Ziele damit erreicht werden sollen und welche Funktionalität dafür geliefert werden muss. Gemeinsam mit dem Kunden werden Ist- und Sollzustand, Rahmenbedingungen, Anwendungsfälle, Benutzer/Rollen identifiziert und Anforderungen definiert. Anschließend werden die neuen Informationen in ein Pflichtenheft übertragen, die Machbarkeit überprüft und der Aufwand zur Umsetzung kalkuliert.

3.1.3   Entwurf

Aufbauend auf den identifizierten Anforderungen wird ein Konzept zur Entwicklung der Software erstellt. Dieses Konzept definiert neben der Software-Architektur, den einzelnen Bestandteilen und deren Zusammenhang auch die verwendeten Technologien. Gängig ist hier auch die Entwicklung eines Prototyps (Vorabversion mit beschränktem Funktionsumfang), anhand dessen der Kunde das Ergebnis besser einschätzen und ggf. Anforderungen neu formulieren kann.

3.1.4   Implementierung und Test

Zunächst müssen hier die benötigten Technologien verfügbar gemacht und die Entwicklungsumgebung eingerichtet werden. Auf Basis des Entwurfs und der Anforderungen werden die einzelnen Komponenten der Software entwickelt und anschließend getestet. Auch wird die Implementierung der Software dokumentiert und ggf. auch eine Anwenderdokumentation erstellt.

3.2   Rollen und Informationsfluss

An einem Software-Entwicklungsprozess sind mindestens ein Kundenunternehmen und ein Dienstleistungsunternehmen beteiligt. Optional ist es möglich, externe Unternehmen in die Entwicklung einzubinden und beispielsweise Teile der Entwicklungstätigkeiten abzugeben oder externe Produkte zuzukaufen, die dann im eigentlichen Produkt zum Einsatz kommen. Für den hier fokussierten Prozess lassen sich die folgenden Rollen den einzelnen Phasen zuordnen und den Informationsfluss mit anderen Rollen definieren:

Rolle	Phasen	Interagiert mit
Kunde	Projektmanagement Anforderungsanalyse Entwurf	Projektmanager Anforderungsanalyse
Projektmanager	Projektmanagement Anforderungsanalyse	Kunde Anforderungsanalyst Softwarearchitekt Entwickler Tester

Anforderungsanalyst	Projektmanagement Anforderungsanalyse Entwurf	Kunde Projektmanager Softwarearchitekt Entwickler
Softwarearchitekt	Anforderungsanalyse Entwurf	Projektmanager Anforderungsanalyst Entwickler
Softwareentwickler	Projektmanagement Anforderungsanalyse Entwurf	Projektmanager Anforderungsanalyst Softwarearchitekt

Tabelle 3-1: Rollen und Informationsfluss der Softwareentwicklungsphasen

4 SECI-Modell in der Softwareentwicklung

In diesem Abschnitt werden zunächst Möglichkeiten zur Erfüllung der Voraussetzungen des SECI-Modells erarbeitet. Aufbauend auf den Softwareentwicklungsphasen und -Rollen werden die Wissensträger zur ontologischen Dimension und das Wissen je Phase der epistemologischen Dimension des SECI-Modells zugeordnet. Aus den erarbeiteten Anforderungen der einzelnen Transformationsformen des SECI-Modells sollen dann geeignete Methoden zur Unterstützung der Wissensspirale in jeder Phase der Softwareentwicklung vorgestellt werden.

4.1 Anforderungen an das Unternehmen

Die Anforderungen an das Unternehmen ergeben sich aus den Voraussetzungen des SECI-Modells (s. 2.4 Voraussetzungen). Tabelle 4-1 listet die Anforderungen zusammengefasst auf. Sie sollen an dieser Stelle nur der Vollständigkeit wegen genannt werden.

Anforderung	Inhalt
Intention	Definition einer Unternehmensvision und Zielen
	Konzept darüber, wie benötigtes Wissen erlangt wird
Autonomie	Selbstständige Organisation und Handlung des Teams
	Nach Möglichkeit überschneidende Projektphasen
	Funktionsübergreifendes Team
Fluktuation, kreatives Chaos	Dynamische Teamstruktur
	Verstärkung der Interaktion mit dem Umfeld
	Ansätze zum Erzeugen von kreativem Chaos
Redundanz	Wissen über eine Aufgabe bei mehreren Mitarbeitern
	Organisationales Wissen wird von vielen geteilt
	Schaffung gemeinsamer Kontexte fördern
Notwendige Vielfalt	Für alle zugängliche Informationen
	Förderung informeller Strukturen

Tabelle 4-1: Anforderungen des SECI-Modells an das Unternehmen

4.2 Wissensträger / ontologische Dimension

Die ontologische Dimension bestehend aus Individuum, Gruppe, Unternehmen und Unternehmensinteraktion kann für den Softwareentwicklungsprozess auf Basis der identifizierten Rollen wie folgt definiert werden (vgl. 3.2 Rollen und Informationsfluss und hier Tabelle 3-1: Rollen und Informationsfluss der Softwareentwicklungsphasen):

Ontologische Einheit	Besetzung/Ausprägung
Individuum	• Kunde

	• Projektmanager • Anforderungsanalyst • Softwarearchitekt • Softwareentwickler/Tester

Gruppe	• Gesamtes Projektteam bestehend aus:
	  o Projektmanager
	  o Anforderungsanalyst
	  o Softwarearchitekt
	  o Softwareentwickler/Tester

Unternehmen	• Softwareentwicklungsunternehmen • Kunden-Unternehmen
Unternehmensinteraktion	• Zwischen Softwareentwicklungs- und Kundenunternehmen

Tabelle 4-2: Wissensträger auf ontologischer Dimension

4.3 Wissensarten / epistemologische Dimension

Um das SECI-Modell auf den Prozess der Softwareentwicklung anzuwenden ist es erforderlich, das Wissen in den einzelnen Phasen zu identifizieren. Nachfolgende Tabelle 4-3 listet explizites und implizites Wissen zur Einordnung auf der epistemologischen Ebene des SECI-Modells auf:

Phase	Explizites Wissen	Implizites Wissen
Projektmanagement	Projektbeschreibung Projektreferenz Kundenfeedback	Erfahrung aus letzten Projekten Wissen über Teammitglieder Verhandlungsgeschick Zeitmanagement
Anforderungsanalyse	Pflichtenheft Lastenheft Anforderungskategorien Dokumente des Kunden	Wissen über den Kunden Wissen über die Domäne Anforderungen Fragetechnik Menschenkenntnis Erfahrung aus letzten Projekten
Entwurf	Architekturmuster Softwaremuster Vergangene Entwürfe Wissensplattform Entwurfsdokument	Technologie Know-How Best Practices Erfahrung aus letzten Projekten
Implementierung/Test	Code Dokumentation Blogs Codebeispiele	Vorgehensweisen Bedienung von Werkzeugen Technologie Know-How Erfahrung aus letzten Projekten

| | Vordefinierte Codestücke | |
| | Softwaremuster | |

Tabelle 4-3: Explizites und implizites Wissen der Softwareentwicklungsphasen

4.4 Anforderungen der SECI-Formen

Um geeignete Methoden zur Unterstützung der Wissenstransformation zu finden sollen zunächst die Anforderungen der einzelnen Prozesse des SECI-Modells zusammenfassend aufgeführt werden:

SECI-Form	Inhalt	Anforderungen
Sozialisation	Gemeinsame mentale Modelle Erfahrungsaustausch Ohne Sprache Beobachtung, Nachahmung	Zusammenarbeit Soziale Interaktion
Externalisierung	Metaphern, Analogien, Modelle Formalisierung von Fertigkeiten Ausdruck von Erfahrungen	Konstruktiver Dialog Kollektive Reflexion Kreativität, Phantasie
Kombination	Verknüpfen von Wissen Nutzen anderer Konzepte	Recherche Informationen finden
Internalisierung	Learning by doing Verinnerlichen von Konzepten Fähigkeiten erlernen	Informationen konsumieren Handeln/Ausprobieren

Tabelle 4-4 Anforderungen der einzelnen SECI-Formen

4.5 Maßnahmen zur Unterstützung der Wissenstransformation

In diesem Abschnitt werden Maßnahmen zur Förderung der SECI-Transformationen vorgestellt und den einzelnen Phasen des Softwareentwicklungsprozesses zugeordnet. Maßnahmen die in mehreren bzw. allen Phasen eingesetzt werden können, sind als übergreifende Maßnahmen deklariert. Folgende Abbildung gibt einen Überblick über die hier beschriebenen Maßnahmen und ordnet sie den jeweiligen SECI-Formen zu.

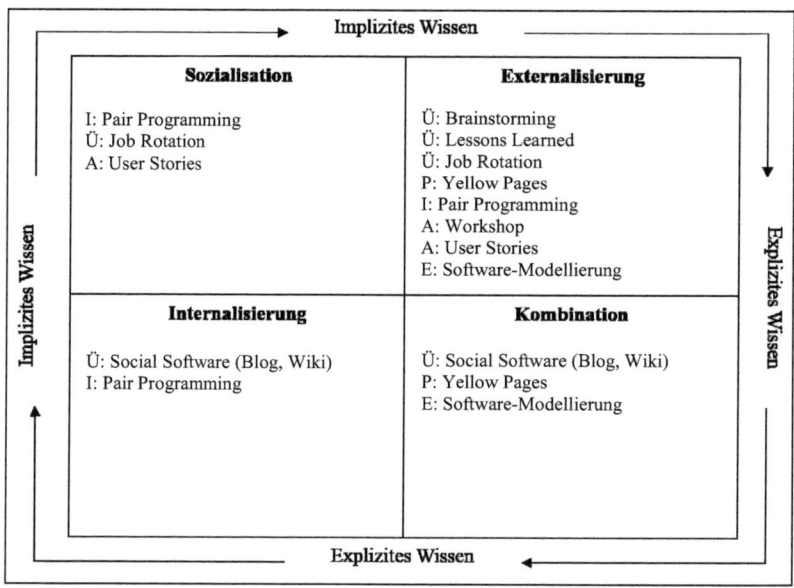

Abbildung 4-1 Maßnahmen zur Förderung der einzelnen SECI-Phasen

Die Maßnahmen sind den einzelnen Softwareentwicklungsphasen Projektmanagement (P), Anforderungsanalyse (A), Entwurf (E), Implementierung/Test (I) zugeordnet. Maßnahmen die in allen Phasen eingesetzt werden können sind übergreifende Maßnahmen (Ü).

4.5.1 Übergreifende Maßnahmen

Übergreifende Maßnahmen können in allen Phasen des Softwareentwicklungsprozesses verwendet werden.

4.5.1.1 Lessons Learned

Lessons Learned (Deutsch „Gelernte Lektionen") sind eine Möglichkeit um positive und negative Erfahrungen am Ende eines Projekts zu reflektieren und schriftlich festzuhalten und können somit im Zuge der Externalisierung eingesetzt werden. Auch können neue technische Fertigkeiten oder eine Beurteilung des durchlaufenen Prozesses darin dokumentiert werden. Diese Dokumentation kann von anderen Mitarbeitern zur Vorbereitung auf ein neues Projekt oder von der Innovationsabteilung zur Verbesserung der internen Prozesse genutzt werden. Möglich sind auch die Abteilung von Best Practices aus der Softwareentwicklung sein sowie Beurteilung der eingesetzten Werkzeuge und Methoden.

Kern dieser Maßnahme ist die Reflexion eigener Erfahrungen innerhalb des Projektes und die Dokumentation von wiederverwendbaren Informationen.[17]

Die daraus resultierenden Erkenntnisse können zentral dokumentiert (z.B. im Intranet) dem gesamten Unternehmen zur Verfügung gestellt werden, sodass auch andere Mitarbeiter von diesen Erfahrungen profitieren können.

4.5.1.2 Brainstorming

Brainstorming (Deutsch „Gehirnstürmung") ist eine Kreativitätsmethode zur Sammlung von Ideen bzw. Informationen zu einem bestimmten Wissensbereich. Brainstorming kann alleine oder in einer Gruppe durchgeführt werden, wobei alle Einfälle und Gedanken niedergeschrieben werden ohne diese vorab zu bewerten oder zu kritisieren. Die Bewertung bzw. Auswertung der Kommentare findet später statt. Ziel ist es, möglichst viele (unterschiedliche) Gesichtspunkte zu betrachten und anschließend einen konsolidierten Lösungsansatz für die jeweilige Aufgabe zu finden.

Es gibt keine Richtlinie zur Dokumentation, sowohl die Papierform als auch eine digitale Form sind möglich (je nach Vorlieben der Anwender).[18]

4.5.1.3 Job Rotation

Jobrotation (Deutsch „Tätigkeitsrotation") beschreibt eine organisatorische Maßnahme, bei der Mitarbeiter ihren Arbeitsplatz bzw. ihre Tätigkeiten für eine definierte Zeit oder für ein bestimmtes Projekt tauschen (auch in andere Fachbereiche). Dadurch sollen die Mitarbeiter neue Erkenntnisse über andere Tätigkeiten bzw. Fachbereiche sammeln und ihre Fähigkeiten bzw. ihr Wissen erweitern.

Diese Maßnahme lässt sich für alle betrachteten Softwareentwicklungsphasen in den Bereichen Internalisierung (Lernen durch Ausführen neuer Tätigkeiten) und je nach Realisierung auch der Sozialisation und Externalisierung (Einführung in die neue Tätigkeit durch den vorherigen Mitarbeiter z.B. durch Partnerarbeit) anwenden.[19]

---

[17] Vgl. ILTEC (o.A.), S. 22
[18] Vgl. ILTEC (o.A.), S. 16; Satorius (2010), S. 37ff
[19] Vgl. ILTEC (o.A.), S. 21

4.5.1.4 Social Software

Als *Social Software* (Deutsch „Soziale Software" bzw. sinngemäß Software, die die soziale Interaktion fördert) ist eine Sammlung verschiedener internetbasierter Anwendungsklassen, die die Externalisierung (Inhalte veröffentlichen), Kombination (Verwenden von Inhalten) und Internalisierung (z.b. Nachprogrammieren von Codebeispielen) von Wissen unterstützen. Durch den allgemeinen Charakter lässt sich *Social Software* in allen Phasen des Softwareentwicklungsprozesses benutzen.

Mit Hilfe von Wikis als verknüpfte Artikel lässt sich beispielsweise die gesamte Wissensbasis des Unternehmens dokumentieren, an der sich jeder Mitarbeiter aktiv beteiligen kann. Durch Erweiterung und Korrektur von Artikeln kann das organisationale Wissen so optimal verknüpft und für andere bereitgestellt werden.

Mit Hilfe von Blogs (kurz für Weblogs als eine Art Tagebuch im Internet) können Entwickler Codeerklärungen nachlesen oder eigene Ergebnisse veröffentlichen. Im Internet ist eine breite Palette an unterschiedlichen, themenbezogenen Blogs verfügbar. Durch Kommentare von anderen Benutzern können neue Ideen und Gedanken mit einfließen.[20]

4.5.2 Anforderungsanalyse

Die Anforderungsanalyse beinhaltet das Verstehen des Kundenunternehmens und die Eingliederung der zu entwickelnden Anwendung in das Geschäft. Aus dem Ist- und Soll-Zustand werden die Anforderungen abgeleitet, auf Basis derer später der Entwurf der Software erstellt wird.

4.5.2.1 User Stories

Die Formulierung von Anforderungen in Form von User Stories (Deutsch „Benutzergeschichten") hat den Vorteil, dass die Anforderungen nicht technisch, sondern in der Sprache des Benutzers bzw. Kunden formuliert sind. Zwar müssen dann die Entwickler bzw. der Softwarearchitekt die technischen Aspekte herauslesen, allerdings fördert das das Verständnis des Kunden und dessen fachlicher Domäne (es kann ein gemeinsamer Kontext im gesamten Projektteam aufgebaut und so das gegenseitige Verständnis gefördert werden).[21]

---

[20] Vgl. Raabe (2007)
[21] Vgl. Von Bitterfeld (2010)

4.5.3 Entwurf

In der Entwurfsphase werden die Architektur der Software modelliert und Ansätze zur Realisierung definiert.

4.5.3.1 Software-Modellierung

Ein weiterer Ansatz das Wissen innerhalb der Entwurfsphase zu externalisieren bzw. für eine weitere Kombination verfügbar zu machen ist der Einsatz von Modellierungstechniken um Zusammenhänge zu verdeutlichen. Um die Software besser verstehen zu können kann mit Hilfe von diversen UML-Diagrammen deren Struktur (Komponenten, Abhängigkeiten) und deren Verhalten (Zusammenwirken der Bestandteile) visuell dargestellt und so für andere verständlich präsentiert werden.[22] Auch können Softwarearchitekten ihre Entwürfe zur Wiederverwendung für den Rest der Organisation bereitstellen und damit ihr Erfahrungswissen bzw. fachliches Knowhow veröffentlichen.

Die Modellierung von Software unterstützt sowohl die Externalisierung (Artikulation des Fachwissens mit Bezug auf die Erfahrung des Architekten) als auch die Kombination (falls Teile des Entwurfs in anderen Projekten Anwendung finden können).

4.5.4 Implementierung/Test

Die Implementierung umfasst das Schreiben von Programmcode und die Erstellung einer Dokumentation sowie dem Test der Software.

4.5.4.1 Prototypen

Gängig in der Softwareentwicklung ist die Erstellung eines *Prototyps* als nicht-funktionale Vorabversion der späteren Anwendung. Dabei steht nicht die Funktionalität im Mittelpunkt, sondern mehr der praktische Umgang mit der Anwendung zur besseren Einschätzung des zu erwartenden Ergebnisses. Diese Maßnahme lässt sich eindeutig der Internalisierung zuordnen, da sie eine Möglichkeit zum *Learning by doing* für den Kunden bietet. Auch lassen sich die Anforderungen durch den Kunden ggf. neu definieren oder Feedback einholen.

4.5.4.2 Pair Programming

Beim *Pair Programming* (Deutsch „Paarprogrammierung") arbeiten zwei Entwickler gemeinsam an der Implementierung einer Software, wobei der einer den Code schreibt und

---

[22] Vgl. OMG (2015)

der andere über nächste Lösungsansätze nachdenkt und auf mögliche Fehler oder Verbesserungen hinweist. Die Rollen sollten regelmäßig getauscht werden, damit beide die gleichen Erfahrungen sammeln und ihre Ansätze in beide Aufgaben einbringen können.

Der Kern dieser Maßnahme liegt in dem dauerhaften Austausch der Entwickler und der gemeinsamen Bearbeitung einer Aufgabenstellung. So können beide ihre Erfahrungen und Fähigkeiten zur Lösung einbringen, durch Gegenüberstellung mit den Ansätzen des anderen vergleichen und ihr Wissen erweitern.[23]

Die Maßnahme kann sowohl in der Sozialisation (Erfahrungsaustausch durch Beobachtung), der Externalisierung (Reflexion der Entwicklungstätigkeit und Entscheidungen) als auch der Internalisierung (Verinnerlichen der verwendeten Technik und Vorgehensweise) eingesetzt werden.

4.5.5 Projektmanagement

Innerhalb des Projektmanagement müssen die geeigneten Teammitglieder anhand ihrer Fachkompetenz ausgewählt und die Projekttätigkeiten koordiniert werden.

4.5.5.1 Yellow Pages

Zur Identifizierung von Experten bzw. Wissensträgern im Unternehmen kann das Projektmanagement die unternehmensinternen *Yellow Pages* (Deutsch „Gelbe Seiten") dafür nutzen, die Kompetenzen der Mitarbeiter einzusehen (s. **Error! Reference source not found.** Yellow Pages) und ein geeignetes Projektteam zusammenzustellen. Die *Yellow Pages* enthalten Informationen zum Mitarbeiter, seiner Ausbildung, seinem Fachbereich und besonderen (fachlichen) stärken. Diese Maßnahme ist sowohl zur Dokumentation als auch zur Verwendung von Unternehmenswissen geeignet, sodass sie in der Externalisierung (Niederschreiben der Fähigkeiten und des Knowhow durch die Mitarbeiter) und der Kombination (Auswahl der geeigneten Teammitglieder durch den Projektmanager auf Basis der Projektinhalte) zum Einsatz kommen kann.

Voraussetzung hierbei ist die Aktualität der Informationen und die Zustimmung der einzelnen Mitarbeiter zur Veröffentlichung ihrer Informationen im Unternehmen. Auch müssen die Information für die restlichen Mitarbeiter zugänglich gemacht und z.B. im Intranet veröffentlicht werden.[24]

---

[23] Vgl. Wolf, Roock, Lippert (2015), S. 95ff
[24] Vgl. ILTEC (o.A.), S. 14f

4.6 Bewertung

An dieser Stelle soll eine Bewertung des SECI-Modells mit Bezug auf den Softwareentwicklungsprozess vorgenommen und jeweils Vor- und Nachteile genannt werden.

4.6.1 Vorteile

Betrachtet man lediglich die Erzeugung von neuem Wissen umfasst das SECI-Modell alle
dafür nötigen Phasen bzw. Aspekte. Wissen wird vom Individuum ausgehend aufgrund
von organisationalen Rahmenbedingungen an andere Mitarbeiter weitergegeben und so
im Unternehmen verteilt. Gerade in der Softwareentwicklung ist es notwendig, auf die
Ergebnisse und Erkenntnisse anderer (beispielsweise in Form von wiederverwendbarem
Programmcode) zurückzugreifen um den Arbeitsaufwand und somit die Kosten für die
Entwicklung zu reduzieren.

Nach NONAKA UND TAKEUCHI ist diese Phase der Externalisierung die Wichtigste
von allen im Gesamtprozess der Wissensschaffung im Unternehmen.[25] Definiert sie sich
als die Dokumentation von Erfahrungs- und Fachwissen lassen sich dafür zahlreiche
Möglichkeiten herausarbeiten (s. Abbildung 4-1 Maßnahmen zur Förderung der
einzelnen SECI-Phasen) um den Prozess der Softwareentwicklung zu unterstützen.

Auch betrachtet das Modell die Rahmenbedingungen in Form von organisationalen Anforderungen als Voraussetzungen zur Realisierung des SECI-Modell, sodass es Unternehmen an dieser Stelle einfacher haben ein Wissensmanagement auf Basis des SECI-
Modells einzuführen.

4.6.2 Nachteile

Das SECI-Modell konzentriert sich lediglich auf die Wissensschaffung im Unternehmen
und schließt damit weitere Tätigkeitsfelder aus, die für die Wissensverwaltung im Unternehmen notwendig sind. Die Spirale startet der Weitergabe von (implizitem) Wissen zwischen Individuen, trifft aber keine Aussagen darüber, ob und wo das benötigte Wissen zu
finden ist. Zwar wird im Zuge der Externalisierung Wissen formalisiert und für das Unternehmen zur Verfügung gestellt, eine Be- oder Auswertung dieser Wissensbasis wird
jedoch nicht vorgenommen.

Die aufeinanderfolgenden Phasen bzw. Wissenstransformationen sind zwar in sich
schlüssig, dennoch können im Bereich der Softwareentwicklung Situationen identifiziert

---

[25] Vgl. Nonaka/Takeuchi (1997), S. 79

werden, in denen nicht alle Transformationen benötigt werden, um neues Wissen zu schaffen: Wenn ein Softwareentwickler seine Erfahrungen aus einem Projekt dokumentiert (Externalisierung), steht dieses Wissen anderen zur Weiterverarbeitung zur Verfügung (Kombination, Internalisierung). Liest ein anderer Entwickler diese Dokumentation ohne dabei weiteres explizites Wissen einzubringen wird die Phase der Kombination übersprungen und das Wissen direkt internalisiert. Ebenso kann es vorkommen, dass Wissen im Unternehmen dokumentiert aber anschließend nicht internalisiert wird (weil es z.B. nicht mehr gültig oder relevant ist). Weiter ist es nicht immer notwendig, dass die Sozialisation am Anfang der Spirale durchlaufen wird. Bittet ein Entwickler einen anderen Kollegen um die Beantwortung einer Frage muss dafür nicht zwingend implizites Wissen ausgetauscht werden (ggf. ist dies bereits in der Vergangenheit geschehen, es ist aber für diesen Anwendungsfall nicht notwendig, da hier nur das Fachwissen, aber kein Verständnis über das Gegenüber benötigt wird).

Quellenverzeichnis

ILTEC (o.A.): Der Einsatz von Wissensmanagement im Unternehmen – Ein Leitfaden, Hrsg. International Learning Technology Center (ILTEC), IHK München und Oberbayern, http://c-is.com/intranet/content/data/kontakt/downloads_1/WM_ILTEC.pdf, Datum der letzten Einsicht: 13.09.2015
Nonaka, Ikujiro; Takeuchi, Hirotaka (1997): Die Organisation des Wissens – Wie japanische Unternehmen eine brachliegende Ressource nutzbar machen, Campus Verlag, Frankfurt/New York 1997, 1. Auflage, ISBN: 3-593-35643-0
OMG (2015): UML Specification der Object Management Group Version 2.5, 01.03.2015, http://www.omg.org/spec/UML/2.5/PDF, Datum der letzten Einsicht: 13.09.2015
Pavlik, Franz (o.A.): Domentos Consulting Homepage, http://www.domendos.com/fachlektuere/fachartikel/artikel/lessons-learned/
Polanyi, Michael (1985): Implizites Wissen, Surhkamp Verlag, 1. Auflage 1985, ISBN: 3-51828-143-7
Raabe, Alexander (2007): Social Software im Unternehmen: Wikis und Weblogs für Wissensmanagement und Kommunikation, VDM Verlag Dr. Müller, 1.Auflage, ISBN: 3-83641-243-8
Sartorius, Verena (2010): Die besten Kreativitätstechniken, New Business Line, Redline Verlag, München 2010, ISBN: 978-3-86881-054-7
Schanz, Günther (2006): Implizites Wissen, Rainer Hampp Verlag, München 2006, 1. Auflage, ISBN: 3-86618-007-1
Schreyögg, Dr. G.; Geiger, D (2003): Kann die Wissensspirale Grundlage des Wissensmanagements sein? in: Diskussionsbeiträge des Instituts für Management, Bresser/ Krell/ Schreyögg (Hrsg.), No. 20/03, Freie Universität Berlin, ISBN: 3-98080-266-3, http://www.diss.fu-berlin.de/docs/servlets/MCRFileNodeServlet/FUDOCS_derivate_000000000154/20_2003.pdfb, Datum der letzten Einsicht: 13.09.2015
Von Bittenfeld, Paul Herwarth (2010): User Stories: Anforderungen aus Nutzersicht dokumentieren , Seibert-Media Blog, https://blog.seibert-media.net/blog/2010/11/29/user-stories-anforderungen-aus-nutzersicht-dokumentieren/
Wolf, Henning; Roock, Stefan; Lippert, Martin (2015): eXtreme Programming - Eine Einführung mit Empfehlungen und Erfahrungen aus der Praxis, dpunkt Verlag, 2., überarb. u. erw. Aufl., ISBN: 3-89864-339-5

BEI GRIN MACHT SICH IHR
WISSEN BEZAHLT

- Wir veröffentlichen Ihre Hausarbeit,
  Bachelor- und Masterarbeit

- Ihr eigenes eBook und Buch -
  weltweit in allen wichtigen Shops

- Verdienen Sie an jedem Verkauf

Jetzt bei www.GRIN.com hochladen
und kostenlos publizieren